Todo el mundo
come

Nancy Kelly Allen

rourkeeducationalmedia.com

*Escanea el código para
descubrir títulos relacionados
y recursos para los maestros*

Enfoque de la enseñanza:

Fonética: Conceptos de impresión: Pida a los alumnos que encuentren mayúsculas y signos de puntuación en una frase. Pida a los alumnos que expliquen el propósito para usarlas en una frase.

Antes de leer:

Construcción del vocabulario académico y conocimiento del trasfondo

Antes de leer un libro, es importante que prepare a su hijo o estudiante usando estrategias de prelectura. Esto les ayudará a desarrollar su vocabulario, aumentar su comprensión de lectura y hacer conexiones durante el seguimiento al plan de estudios.

1. Lea el título y mire la portada. *Haga predicciones acerca de lo que tratará este libro.*
2. Haga un «recorrido con imágenes», hablando de los dibujos/fotografías en el libro. Implante el vocabulario mientras hace el recorrido con las imágenes. Asegúrese de hablar de características del texto tales como los encabezados, el índice, el glosario, las palabras en negrita, los subtítulos, los gráficos/diagramas o el índice analítico.
3. Pida a los estudiantes que lean la primera página del texto con usted y luego haga que lean el texto restante.
4. Charla sobre la estrategia: úsela para ayudar a los estudiantes mientras leen.
   - Prepara tu boca
   - Mira la foto
   - Piensa: ¿tiene sentido?
   - Piensa: ¿se ve bien?
   - Piensa: ¿suena bien?
   - Desmenúzalo buscando una parte que conozcas
5. Léalo de nuevo.
6. Después de leer el libro, complete las actividades que aparecen abajo.

Área de contenido Vocabulario

Utilice palabras del glosario en una frase.

orugas
palillos
sushi
tarántula
tortillas
utensilio

Después de leer:

Actividad de comprensión y extensión

Después de leer el libro, trabaje en las siguientes preguntas con su hijo o estudiantes para comprobar su nivel de comprensión de lectura y dominio del contenido.

1. ¿Puedes comer alimentos de diferentes países en Estados Unidos? Explica. *(Texto para conectar con uno mismo).*
2. ¿Por qué algunas comidas son más populares en otros países? *(Haga preguntas).*
3. ¿Cuáles son tus comidas favoritas? *(Texto para conectar con uno mismo).*
4. ¿Qué tienen en común todos los países de este libro? *(Resuma).*

Actividad de extensión

¡Prueba algo nuevo! Busca una receta de otro país en compañía de un adulto. Cuando encuentres algo que quieras probar, pídele que te ayude a preparar esa comida. ¿Cómo estuvo? ¿A qué sabe? ¿Cuándo la comerías? Comparte tu experiencia con tu familia o compañeros de clase por medio de una presentación.

¿Te comerías un insecto?

En Estados Unidos, la gente no suele comer bichos.

Araña

Oruga

Alrededor del mundo, mucha gente come arañas y **orugas**.

En Camboya, las personas disfrutan de un refrigerio crujiente hecho con **tarántula** frita.

En Sudáfrica, las orugas se cocinan en un guiso.

La pizza es la comida favorita de muchas personas.

Italia es famosa por la pizza, ¡pero en donde más se come es en Noruega!

Gran parte de la comida en Japón sólo se cocina ligeramente.

El **sushi** es una comida japonesa hecha con pescado crudo.

El arroz y el maíz alimentan a gente de todo el mundo.

En la India, el arroz se usa para hacer panqueque

En Estados Unidos, el arroz y el maíz se usan
para hacer cereal.

En México, las **tortillas** están hechas de maíz.

¿Te gusta el chocolate? En Suiza es donde más se come.

El helado de vainilla es popular en todo el mundo.

En Australia es donde más se come.

Muchas personas comen con tenedor o cuchara.
En China, Corea y Japón, las personas comen
con **palillos**.

En India, algunas personas usan su mano
derecha como **utensilio** para comer.

Ostras

Bacalao

En lugares cerca del agua, mucha gente come mariscos. El salmón y las ostras son populares en Irlanda.

En la isla de Jamaica, la gente come bacalao —un pescado salado— y cabra al curry.

En Uganda se cultivan tantas bananas, que
la gente las come casi todos los días.

¡Tal vez las pastas sean la comida favorita del mundo! En Polonia, la gente come pierogies.

En China, la gente hace fideos de cumpleaños en lugar de pastel.

En todo el mundo, la gente come alimentos que nosotros comemos. Pero también come alimentos diferentes. Lo que comemos dice mucho sobre quiénes somos y dónde vivimos. ¿Qué hay para cenar?

Glosario fotográfico

oruga: la larva de una mariposa o polilla.

palillos: palitos delgados usados para comer.

sushi: pequeños bocados de arroz cocinado, con pescado crudo o vegetales, envueltos en algas marinas.

 **tarántula:** una araña grande y peluda.

 **tortillas:** pan redondo y plano hecho de harina de trigo o de maíz.

 **utensilio:** objeto utilizado para comer.

Índice analítico

Demuestra lo que sabes

1. ¿Por qué la gente come comidas diferentes en diferentes países?
2. ¿Cuáles son algunos alimentos que come la gente alrededor del mundo?
3. ¿Cuáles son algunas comidas inusuales que come la gente?

Sitio web (página en inglés)

pbskids.org/arthur/games/lunchomatic/lunchomatic.html

Sobre la autora

Nancy Kelly Allen vive en Kentucky. Cuando era niña, hacía pasteles de tierra y agua. Un día probó uno. Fue suficiente. Hoy, cuando come pasteles de barro, están hechos de galletas, salsa de chocolate y helado.

¡Conoce a la autora! (Página en inglés). www.meetREMauthors.com

© 2018 Rourke Educational Media

www.rourkeeducationalmedia.com

PHOTO CREDITS: Cover: © KPG Payless2, Wiktory; Page 1: © Karelnoppe; Page 3: © Loretta Hostettler; Page 4: © ildogesto, Artistic Captures; Page 5: © CrackerClips, ByronD; Page 6: © Peter Stuckings; Page 7: © ComQuat-Wikipedia; Page 8: © Stokpro; Page 9: © UlygarGeographic; Page 10: © TAGSTOCK1; Page 11: © Junghee Choi; Page 12: maayeka; Page 13: © ola-p, fcafotodigital; Page 14: © Martinan; Page 15: © Squaredpixels; Page 16: © FangXiaNuo; Page 17: © szefei; Page 18: © Floortje, alexsalcedo; Page 19: © Goddard-Photography; Page 20: © bhofackz, GMVozd; Page 21: © monkeybusinessimages

Editado por: Keli Sipperley
Diseño de tapa e interiores por: Tara Raymo
Traducción: Santiago Ochoa
Edición en español: Base Tres

Library of Congress PCN Data

Todo el mundo come / Nancy Kelly Allen
(Un mundo pequeño para todos, en todas partes)
ISBN (hard cover - spanish) 978-1-64156-336-9
ISBN (soft cover - spanish) 978-1-64156-024-5
ISBN (e-Book - spanish) 978-1-64156-102-0
ISBN (hard cover - english)(alk. paper) 978-1-63430-363-7
ISBN (soft cover - english) 978-1-63430-463-4
ISBN (e-Book - english) 978-1-63430-560-0
Library of Congress Control Number: 2015931700

Printed in the United States of America,
North Mankato, Minnesota